RECEITAS DO FAVELA ORGÂNICA

Regina Tchelly

RECEITAS DO FAVELA ORGÂNICA

APROVEITAMENTO INTEGRAL DE ALIMENTOS

Editora Senac Rio – Rio de Janeiro – 2024

Receitas do Favela Orgânica: aproveitamento integral de alimentos © Regina Tchelly, 2022.

Direitos desta edição reservados ao Serviço Nacional de Aprendizagem Comercial – Administração Regional do Rio de Janeiro.

Vedada, nos termos da lei, a reprodução total ou parcial deste livro.

SENAC RJ

Presidente do Conselho Regional
Antonio Florencio de Queiroz Junior

Diretor Regional
Sergio Arthur Ribeiro da Silva

Diretora Administrativo-financeira
Jussara Alvares Duarte

Assessor de Inovação e Produtos
Claudio Tangari

Editora Senac Rio
Rua Pompeu Loureiro, 45/11º andar
Copacabana – Rio de Janeiro
CEP: 22061-000 – RJ
comercial.editora@rj.senac.br
editora@rj.senac.br
www.rj.senac.br/editora

Gerente/Publisher: Daniele Paraiso
Coordenação editorial: Cláudia Amorim
Prospecção: Manuela Soares
Coordenação administrativa: Vinicius Soares
Coordenação comercial: Alexandre Martins
Preparação de texto/copidesque/revisão de texto:
Andréa Regina Almeida
Projeto gráfico de capa e miolo/diagramação:
Priscila Barboza

Fotografia
Rodrigo Azevedo e Renata Bellizzi (assistente)

Foto panorâmica do Morro da Babilônia
Rafael Blasi | Vida Longa Audiovisual

Digitação
Gabriela Agostinho Ribeiro

Direção de arte
Juliana Rodrigues

Produção dos pratos
Lais Rocha e Ivonides Silva

Ilustração
Miguel Plaza De Blas (págs. 12/22/23/56/57/82/83/118/119)

Priscila Barboza (inspirada nos traços de Miguel Plaza De Blas, ilustrados nos muros do Favela Orgânica)

Foto Regina Tchelly pág. 19
Alexandre Macieira

Cerâmicas gentilmente cedidas por Alice Felzenszwalb.

Impressão: Imos Gráfica e Editora Ltda.

2ª reimpressão da 1ª edição: setembro de 2024

CIP-BRASIL. CATALOGAÇÃO NA PUBLICAÇÃO
SINDICATO NACIONAL DOS EDITORES DE LIVROS, RJ

T252r

Tchelly, Regina
    Receitas do Favela Orgânica : aproveitamento integral de alimentos / Regina Tchelly. - 1. ed. - Rio de Janeiro : Ed. Senac Rio, 2022.
    120 p. ; 23 cm.

    ISBN 978-65-86493-69-6

    1. Gastronomia. 2. Receitas. 3. Alimentos alternativos. 4. Reaproveitamento (Sobras, refugos, etc.). I. Título.
22-78571

CDD: 641.5
CDU: 641.5

Meri Gleice Rodrigues de Souza - Bibliotecária - CRB-7/6439

Dedico este livro a todas as pessoas que comem e apreciam uma comida gostosa e saborosa, capaz de trazer à mesa boas lembranças. Comida boa é um direito de todos!

Prato vazio com o Favela Orgânica não tem vez!

Sumário

Prefácio	9
Agradecimentos	13
Introdução	14

Abóbora/Jerimum — 24

Doce de casca de abóbora crua	27
Farinha de semente de abóbora temperada	29
Pão de miolo de abóbora	31
Risoto de abóbora com casca	33
Suco de maracujá com semente de abóbora e capim-limão	35

Aipim/Macaxeira/Mandioca — 37

Bife à milanesa de entrecascas de aipim	39
Bolo de aipim	41
Caldo verde de aipim	43
Cappuccino de aipim	45
Maionese de aipim	47

Banana — 48

Brigadeiro de banana com casca	51
Farfali de casca de banana-verde e talos de beterraba	53
Farofa de bico (ponta) de banana com cebola-roxa	55
Minitorta de casca de banana com alho-poró	59
Pastel de forno de biomassa de banana-verde recheado com mix de talos	61
Pé de moleque de casca de banana	63

Brócolis   64

Farofa do amor   67

Lasanha de palmito de brócolis   69

Molho de tomate para cachorro-quente com talos de brócolis   71

Pão de hambúrguer com folhas de brócolis   73

Tabule de brócolis   75

Feijão e arroz   77

Baião de dois   79

Hambúrguer brasileirinho   81

Linguiça de feijão   85

Tutu com talos   87

Melancia   89

Aperitivo de semente de melancia   91

Cocada de casca de melancia   93

Geleia de bagaço de melancia   95

Salpicão de melancia   97

Suco de melancia com coentro   99

Receitas para acompanhamento   101

Batata palha   103

Maionese de inhame   105

Pão de cachorro-quente com inhame e beterraba   107

Raízes fritas de coentro, cebolinha e alho-poró   109

Receita de família   111

Xarope ou lambedor   113

Índice de receitas   116

PREFÁCIO

Conheci Regina em 2012, no evento "Cúpula dos povos", organizado por um grupo de organizações de base, uma delas a Slow Food, para a Conferência Rio+20 das Nações Unidas. Na ocasião, o Favela Orgânica dava seus primeiros passos no complexo, porém fascinante, mundo da alimentação, e Regina Tchelly havia sido convidada para apresentá-lo. E qual seria a melhor maneira de fazê-lo senão por meio de uma oficina prática, que valorizasse o aproveitamento integral dos alimentos? Lembro-me de as pessoas que participaram da oficina estarem encantadas com a personalidade alegre e contagiante de Regina e admiradas por sua habilidade combinada à criatividade, capazes de transformar toda e qualquer pequena parte de um alimento em algo que fosse não apenas comestível mas também agradável ao paladar. Posteriormente, em uma de minhas viagens ao Brasil, visitei a comunidade da Babilônia, onde Regina iniciou o projeto. Mas aquela única oficina foi suficiente para que eu tivesse certeza do potencial para o sucesso do Favela Orgânica e de seu impacto positivo para o cenário alimentício.

Ao longo de todos esses anos, Regina Tchelly foi pioneira da gastronomia social no Brasil. Com seu trabalho, ela provou que gastronomia não interessa apenas a elites frequentadoras de restaurantes caros e exóticos. Considerando comida um tema essencial, ela deveria ser um direito universal, uma vez que está estritamente relacionada à necessidade fisiológica de comer para sobreviver. Regina Tchelly compreendeu isso e, com seu projeto, sempre fez bom uso da gastronomia como ferramenta de combate ao desperdício de alimentos – problema de nossos tempos, inclusive entre os mais pobres – para promover o direito a uma alimentação boa e saudável nas áreas urbanas mais necessitadas e driblar disparidades sociais.

O livro que você tem em mãos não é apenas "mais um livro de receitas", igual aos que já temos nas prateleiras de nossas cozinhas. Esta obra traz um significado mais profundo, já que representa a intenção de Regina Tchelly de pôr em palavras o "saber fazer" (know-how) que distingue seu trabalho pelos gestos de suas mãos, bem como pela sabedoria e audácia de fazer o máximo e melhor uso dos alimentos.

Devo dizer que essa é uma tarefa muito importante. Na sociedade atual, global e majoritariamente urbanizada, cortamos as relações com a natureza; e, ao fazê-lo, perdemos também a capacidade de dar aos alimentos o seu real valor (quanto mais barato, melhor). Como consequência, desperdiçamos mais de 30% dos alimentos produzidos, enquanto criamos uma situação paradoxal na qual milhões de pessoas não têm acesso a uma dieta adequada e balanceada. Uma vez conscientes disso, também reconhecemos que combater o desperdício de alimentos é uma responsabilidade ética e moral que todos deveriam assumir, assim como tomar medidas sérias para acabar com a fome e a insegurança alimentar, problemas ainda muito presentes no Brasil.

As receitas que você encontrará neste livro trazem não só soluções reais e práticas, que contribuem para a formação de um indivíduo mais responsável, mas também mostram como essa jornada pode ser conduzida com duas boas companhias: criatividade e alegria. Dois ingredientes essenciais com potencial de transformar qualquer alimento, até mesmo o mais simples ou esteticamente desagradável, na melhor refeição que você já experimentou.

Carlo Petrini

Fundador do movimento internacional Slow Food e embaixador da Boa Vontade da FAO

* * *

I first met Regina in 2012 during an event called "Cupula dos Povos" organized by a group of grassroot organizations, Slow Food being one of them, as part of the United Nations Rio+20 Conference. At that time Favela Organica was just beginning to move its first step into the complex yet fascinating world of food, and Regina had been invited to the event to present it. And what better way was there to do it other than through a hands-on workshop that valued the integral use of food? I remember the people attending the workshop being enchanted by the contagious and joyful spirit of Regina and being in awe because of her ability combined with the creativity, to turn each and every single little part of a food into something not only edible, but also pleasant to the palate. Later on, during one of my trips to Brazil, I went and visited the community of Babilonia where Regina first started her project, but that one workshop was the time when I knew that Favela Organica had the potential to succeed, and in doing so, to have a positive impact in the food scenario.

PREFÁCIO

Throughout all these years, Regina has also been a pioneer of social gastronomy in Brazil. With her work she proved that gastronomy is not only a matter of interest for elites that go to expensive and exotic restaurants. Considering food as a pleasurable matter, should be a universal right, since it is strictly related to our physiological need to eat in order to survive. Regina understood that, and with her project she has always made good use of gastronomy as a tool to challenge food waste (a dramatic problem of our time that exists even among the poorest), to promote the right to good and healthy food in the most difficult urban areas, and last but not least to tackle social disparities.

Thus said, the book that you're holding in your hands is not just - another recipe book - that adds up to the ones that we all already have on the shelves of our kitchens. This book has a deeper meaning since it represents Regina's try to put down into words the *saber fazer* (know how) that distinguishes her work through the gestures of her hands, and the wiseness and audacity of making the maximum and best use of food.

I must say that is a really important task. In the current global and mostly urbanized society, we cut the links with nature and in doing so we also lost the capacity to give food its real value (the cheapest, the better). As a consequence we waste more than 30% of the food that is produced, while creating a paradoxical situation where millions of people don't have access to an adequate and balanced diet. Once we make this situation clear to our mind, we also acknowledge that to fight food waste is a moral and ethical responsibility that all people should take. As well as taking serious actions to put an end to hunger and food insecurity, which are dramatic issues that are still very much present in Brazil.

Thus said, the recipes that you find in this book, not only provide you with real and practical solutions to become more responsible individuals, but they also show how this journey of consciousness could be carried on together with two good companions: creativity and joy. These are the two key ingredients that could possibly turn any food, even the simplest or aesthetically unpleasant one, into the best meal you have ever had.

Carlo Petrini
Founder of Slow Food international moviment and FAO Goodwill Ambassador

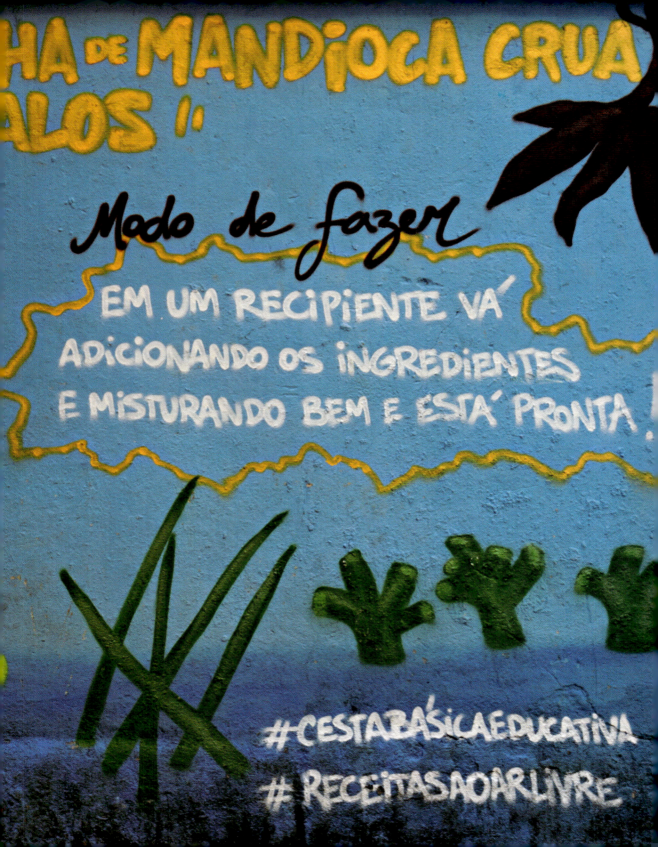

AGRADECIMENTOS

Em primeiro lugar, a Deus e a Nossa Senhora o dom de aproveitar o alimento até o talo, trabalhando todo o seu ciclo.

A todas as pessoas que me ajudaram a chegar até aqui, comeram a minha comida, cozinharam, construíram e compartilharam várias conquistas e momentos comigo.

Sou grata por todas as oportunidades e, sobretudo, a meus fãs e admiradores. Todos vocês estão em meu coração. Que Deus lhes dê tudo em dobro!

INTRODUÇÃO

Emanuella Feix

COMIDA "PARA GERAL":
A *revolucionária cozinha amorosa de Regina Tchelly*

O melhor caminho para chegar ao Morro da Babilônia é pela ladeira Ary Barroso, que começa na rua General Ribeiro da Costa, no Leme. Das calçadas largas de pedrinhas portuguesas, prédios altos e monocromáticos cercados por grades, é dobrando em uma entradinha, quase um beco, que temos acesso a um universo completamente diferente. A partir dali, por entre alguns carros e inúmeros mototáxis que vêm e vão manobrando habilidosamente as ruas estreitas, é como se um cenário se descortinasse conforme vamos subindo: casas com janelinhas de madeira em estilo colonial contrastam com construções mais altas, de prédios cercados por muros de concreto, de tijolo à vista ou de pedras, e com folhagens verdes espalhadas por todos os lados, originárias de floresta nativa da Mata Atlântica, que ornam essa mistura de estilos. Ressoando no caminho sinuoso, o som de músicas parece vir de todas as direções, mas

RECEITAS DO FAVELA ORGÂNICA: aproveitamento integral de alimentos

sem abafar os gritinhos agudos de crianças brincando de pique-esconde e soltando pipa, nem os ecos dos adolescentes jogando bola na quadra da comunidade. Em um dos botecos à esquerda, três senhoras bebem cerveja em uma mesa sobre a calçada, enquanto em outra seis ou sete jovens conversam efusivamente. Na entrada do hostel ao lado, um casal de mochileiros faz pose para uma selfie; um grupo bate papo em frente à igreja batista após o final do culto.

É nesse cenário efervescente que se instala o que o escritor João do Rio chamava de "a alma encantadora das ruas": são as vidas das pessoas que dão vida a essas ruelas, como se o povo fosse sangue pulsando nas artérias de asfalto e concreto. Ao contrário dos estereótipos que insistem em associar às favelas, aqui o que não falta é vida, porque a favela é orgânica. E é nesse organismo, em meio a uma profusão de vidas, de luzes, de sons e de cheiros, que nessa subida vamos encontrando também muros ilustrados com receitas de pratos e bebidas.

"Bota 'pra' bater um pepino pequeno, um chuchu pequeno, polpa de maracujá, 3 colheres de sopa de capim-limão, coe e 'tá' pronto." Pintada em um muro em frente à Associação dos Moradores da Babilônia, já lá na parte mais alta do morro, a gente se depara com a receita desse chá que, entre outras propriedades, ajuda a controlar a pressão alta – além de ser gostoso e refrescante para caramba. E esta não é a única dica que vamos ter de como preparar comidas gostosas e saudáveis com alimentos populares. Trata-se do projeto Receitas ao Ar Livre a ideia que Regina Tchelly teve quando pensou em publicar um livro ensinando como fazer o aproveitamento integral dos alimentos. Mas, para tornar o conteúdo acessível a todos, foi com a ajuda de um amigo artista e dos vizinhos que ela viu a ideia se concretizar neste grande livro a céu aberto.

Regina Tchelly é a dona do Favela Orgânica, empreendimento que comemora em 2022 onze anos de existência, com marcos impressionantes e cuja sede fica no Espaço Jardim da Babilônia. *Receitas do Favela Orgânica: aproveitamento integral de alimentos*, logo, não é seu primeiro livro. Além da edição única impressa sobre os muros da Babilônia, *Faça e venda* foi lançado em formato digital e distribuído em uma tiragem especial pela Prefeitura do Rio de Janeiro em 2022. Ao discutir o conceito desta nova belíssima publicação que agora sai pela Editora Senac Rio, Regina Tchelly logo deu o tom: que tenha uma linguagem acessível, que não perca a identidade do Favela Orgânica e que, acima de tudo, seja um livro amoroso. Pois a sua busca pela democratização da alimentação saudável é plena de afeto, valor presente no Favela Orgânica desde o princípio, mas também em sua trajetória pessoal.

INTRODUÇÃO

Regina Tchelly nasceu em 1981 em Serraria, no interior da Paraíba, uma cidade situada a seiscentos metros acima do nível do mar e com pouco mais de 6 mil habitantes, composta de ruas de paralelepípedo e uma praça central, na qual a Igreja Matriz se destaca sobre casinhas baixas e coloridas. A beleza singela de Serraria é pano de fundo para uma imagem ainda mais bonita que ficou guardada na memória de Regina Tchelly: foi lá que a filha de uma família de agricultores teve contato com os alimentos desde o seu estado bruto até o preparo das refeições. Na cidade onde todos se envolviam no plantio de alimentos dos mais variados tipos, era aos domingos que as mulheres – filhas, mães, avós, tias, primas e vizinhas – se reuniam para compartilhar suas colheitas e preparar pratos. Da macaxeira, por exemplo, saía a mandioca, a farinha de mandioca, a tapioca, a goma, todas divididas entre si como em uma comunhão.

Buscando independência financeira, aos 15 anos de idade Regina Tchelly se mudou para a capital João Pessoa, onde trabalhou como empregada doméstica. Depois do nascimento de sua primeira filha, decidiu ir para o Rio de Janeiro em busca de novas oportunidades. Logo se instalou no Morro da Babilônia e continuou exercendo o trabalho de empregada doméstica, agora em uma casa na Lapa.

Dos contrastes que marcam a cidade, e sabemos que são muitos, dois chamaram mais ainda a sua atenção: ao contrário do que havia aprendido a vida inteira, ela se deparou com um enorme desperdício de alimentos em todos os lugares. Nas feiras que frequentava, a quantidade de comida descartada por "não ser útil nem aos porcos", como diziam alguns feirantes, era chocante.

O contraste do desperdício de um lado e da falta de criatividade do outro acaba revelando outra infeliz contradição de nosso país: se por um lado mais de 100 milhões de brasileiros vivem em situação de insegurança alimentar, o que em bom português significa passar fome, por outro, segundo a Organização das Nações Unidas para Agricultura e Alimentação (FAO), somos um dos países que mais desperdiçam comida no mundo. O descarte de alimentos ocorre em diversas etapas, desde o plantio e a colheita, passando pela conservação e chegando finalmente à falta de conhecimento do consumidor a respeito do aproveitamento dessas matérias.

Ainda de acordo com a FAO, as estatísticas do Brasil seguem uma proporção global, pois aproximadamente um terço do que é produzido no planeta é desperdiçado. E ao mesmo tempo em que falta comida para tanta gente, nós nunca comemos tão mal como nos últimos anos. Levantamentos recentes apontam que o consumo de alimentos ultraprocessados mais que dobrou entre 2019 e 2020. Esses alimentos, ricos em açúcares refinados, sódio e gorduras saturadas, estão estritamente ligados ao aumento de casos de diabetes, hipertensão e outras comorbidades. Ou seja, o consumo consciente pode reduzir em até um terço da fome no mundo; além disso, pode evitar doenças e promover mais qualidade de vida a todos.

Foi assim que, nessa epifania dos brócolis, observando o comportamento alimentar na cidade e inspirada na cultura de sua terra natal de aproveitar os alimentos em sua integralidade, Regina Tchelly passou anos desenvolvendo ainda mais as habilidades na cozinha, marinando sua criatividade e seu bom gosto em busca de uma culinária que abrangesse saúde e prazer, mas que também tivesse o propósito de combater o desperdício, honrando e respeitando tudo o que a terra nos dá. O afeto ocupa a base desse desejo de transformar: não apenas a transformação de talos, cascas, folhas e caroços em pratos cheios de cores e sabores, mas também da sociedade em um lugar mais justo e menos desigual, onde todos possam não apenas comer mas comer bem, com prazer e saúde.

Entre ter, amadurecer e colocar a ideia em prática, já são onze anos de trabalho árduo. Em 2011, pouco depois de fazer um curso de culinária no Senac RJ, Regina Tchelly criou enfim o projeto Favela Orgânica. A ideia surgiu inicialmente no intuito de obter apoio da Agência de Redes para a Juventude, uma iniciativa que acabava de ser lançada, ligada à Prefeitura do Rio de Janeiro, e que existe até hoje com o propósito de viabilizar ideias transformadoras de jovens moradores das periferias cariocas. Ao longo de tantos anos vivendo no Morro da Babilônia, Regina Tchelly observava a força da comunidade e todo o potencial de transformação que seu projeto poderia trazer àquele espaço. E com o Favela Orgânica, ela já pensava em fugir um pouco da ideia tradicional de culinária, promovendo uma relação mais consciente e respeitosa com a terra, propondo que essa relação fosse permeada de afeto e de criatividade. No entanto, a Agência, que oferece consultoria, assessoria e financiamento aos projetos vencedores, não aprovou o protótipo do Favela Orgânica. Em vez de desistir, Regina Tchelly entendeu a negativa como um recado de que seria necessário buscar soluções de como desenvolvê-lo por conta própria.

Menos de um mês depois, com o investimento inicial de R$ 140, ela recebia seis mulheres em sua casa para a primeira turma do curso "Da semente ao talo", que ensinava não apenas receitas como também técnicas de compostagem e de cultivo de hortas em pequenos espaços. As seis mulheres do curso eram vizinhas, moradoras da Babilônia e do Chapéu Mangueira, e frequentavam pela primeira vez um curso ministrado na própria comunidade. A segunda turma já tinha dez pessoas; a terceira, quinze. O objetivo inicial do Favela Orgânica era promover uma ação que

transformasse o entorno, construindo coletivamente um conhecimento mais aprofundado sobre alimentos, sobre como tratar a própria terra, possibilitando que mulheres, mães, chefes de família, trabalhadoras brasileiras, aproveitassem melhor o que tinham em mãos, combatendo o desperdício e obtendo soberania alimentar dentro da favela. Essa ideia por si já era de um potencial revolucionário enorme e, por acreditar em seu potencial e ser uma visionária, Regina Tchelly já esperava que a transformação acontecesse, ultrapassando barreiras e a dinâmica interna das periferias cariocas. A mudança aconteceu de dentro para fora, o que atraiu o olhar de muita gente de longe do Rio de Janeiro: na quarta edição do curso, Regina Tchelly já precisava arrumar espaço para alunos que vinham até do Japão.

Desse momento em diante, os acontecimentos não pararam. Já foram inúmeras viagens à Europa, palestras e cursos ministrados em diversos países; o mesmo interesse que chamou a atenção de celebridades como Harrison Ford. Depois de participar de programas de televisão, Regina Tchelly acabou ganhando um próprio, "Amor de Cozinha", exibido no Canal Futura. Entre incontáveis cursos ministrados, homenagens e prêmios recebidos mundo afora, vale destacar que Regina Tchelly foi a primeira brasileira a dar aula na Universidade de Ciências Gastronômicas de Pollenzo, na Itália, e a única brasileira a palestrar no maior evento de gastronomia da Europa, o Sirha 2015. Regina Tchelly aparece em matérias em inglês, francês, italiano, tcheco, holandês e turco, de jornais reputados e de blogs independentes, o que prova a versatilidade e a relevância de seus ideais em todas as esferas.

Tanto reconhecimento e tanta fama não subiram à sua cabeça: Regina Tchelly continua sendo uma pessoa que fala olhando nos olhos, que pergunta "Como você 'tá'?" para começar qualquer conversa com qualquer pessoa, que fala e escuta de maneira generosa e que não abre mão do afeto em tudo o que faz. Mesmo viajando o mundo inteiro, é no Morro da Babilônia, onde se instalou quando a vida no Rio de Janeiro se apresentava à sua frente como uma página em branco, que ela continua morando, aperfeiçoando seus conhecimentos e ministrando aulas. A favela é historicamente um espaço de diversidade, descentralização, resistência, senso de comunidade e potências múltiplas. Nada faz mais sentido que manter o Favela Orgânica ali em cima, pois desconstruir o olhar sobre o que e como comemos perpassa desconstruir – e reconstruir – os olhares que temos do mundo ao nosso redor. Hoje, o projeto conta com uma equipe de dez profissionais, quase todas mulheres – tem bióloga, nutricionista, jornalista, pesquisadora, arquiteta etc. – e quase todas engajadas desde o começo, o que significa bastante. Além das oficinas de aproveitamento de alimentos, são oferecidos cursos voltados às crianças, um serviço de catering com um cardápio criativo e a capacitação profissional para quem trabalha em restaurantes, cantinas, escolas de gastronomia, hotéis, feiras livres – e para quem mais tiver interesse. Certo dia comentaram que Regina Tchelly já tinha vários clones por aí, e ao contrário do sentimento que poderia suscitar em muita gente, o que ela sentiu foi orgulho e honra: respondeu que sua missão é para ser copiada mesmo, e ela sabe que quanto mais Reginas no mundo, melhor. Ela se garante e sabe seu valor.

Com os pés no chão – ou melhor, na terra –, reconhecer o seu valor não apaga as lembranças de todos os percalços atravessados ao longo dessa trajetória, muito pelo contrário: é isso que faz com que Regina Tchelly acorde todos os dias com brilho nos olhos e senso de propósito. Integrando

INTRODUÇÃO

um importante grupo em nosso país, o de mulheres que partem de sua terra natal em busca de uma vida mais digna, muitas vezes delegando os cuidados de seus filhos a terceiros para se ocupar de outras crianças em um fenômeno conhecido por maternidade transnacional, esse afastamento fez apenas Regina Tchelly reforçar seu olhar amoroso, sem deixar para trás suas referências nem a vontade de transformar o mundo por meio desse amor. Ser mulher, nordestina e imigrante no Sudeste, moradora de favela, autodidata, empregada doméstica e mãe monoparental são fatores que a marcaram e a marcam até hoje, muitas vezes exigindo que ela precise "conquistar" olhares desconfiados, desconstruir prejulgamentos antes de finalmente triunfar. Desse modo, ver seu rosto e sua história percorrendo o mundo, levando a paisagem da favela para todos os cantos e trazendo todos os cantos para comer na favela, empoderando mulheres e abrindo caminhos, é de uma revolução sem tamanho.

Portanto, este livro que você, cara leitora ou caro leitor, segura neste momento é, antes de mais nada, um convite: convite a uma imersão às raízes contemporâneas do Brasil, literalmente. Dividido em seis partes – Abóbora, Aipim, Banana, Brócolis, Feijão e arroz e Melancia, além de seções com receitas para acompanhamento e de família –, todas servem como base para o preparo dos pratos mais surpreendentes. Afinal, quem diria que com a casca de melancia é possível fazer uma deliciosa cocada? Ou que dos brócolis podemos extrair um palmito e fazer uma lasanha deliciosa? Vale um destaque especial para o lambedor, xarope que ajuda a amenizar a tosse, receita tradicional transmitida de geração em geração pelas e para as mulheres da família de Regina Tchelly e que ganhou importância ainda maior em tempos pandêmicos.

Não importa onde esteja: *Receitas do Favela Orgânica: aproveitamento integral de alimentos* leva você até o Espaço Jardim da Babilônia, lá no alto, com uma vista privilegiada da cidade e a impressão de estar mais perto do céu, sem, no entanto, deixar de olhar para baixo, para a terra que tudo nos dá. Nesse lugar, conhecido como o coração do morro, pulsa um trabalho cujo afeto guia o propósito de pôr comida à mesa "para geral", de contribuir para a mudança do mundo e aproveitar a vida – até o talo.

NAS PRÓXIMA.
VOCÊ VAI ENC
RECEITAS SI
AFE

PÁGINAS

NTRAR

1PLES E

TIVAS

ABÓBORA / JERIMUM

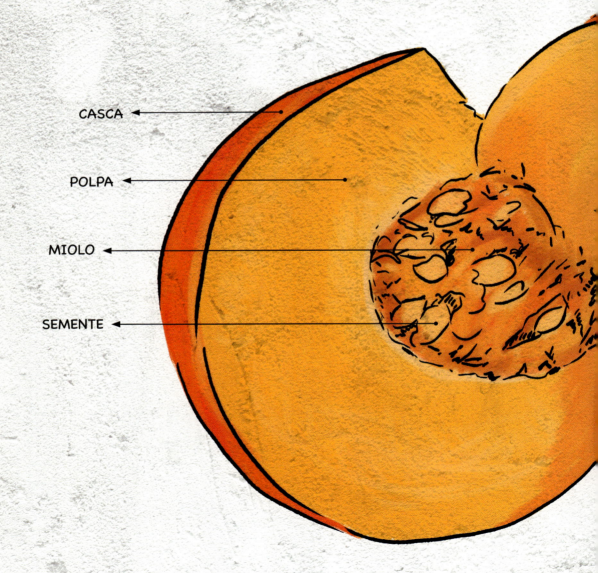

Doce de casca de abóbora crua

- 1 xícara de coco seco ralado
- 1 xícara de abóbora ralada com casca
- 1 maçã ralada
- 1 limão
- 2 colheres (sopa) rasas de açúcar mascavo
- 10 folhas de hortelã

1. Em um recipiente, coloque o coco seco e a abóbora ralados.
2. Adicione a maçã.
3. Esprema por cima o limão.
4. Acrescente o açúcar mascavo e as folhas de hortelã.
5. Mexa bem todos os ingredientes e está pronto.

Farinha de semente de abóbora temperada

- 2 xícaras de semente de abóbora lavada e seca
- 1 colher (sobremesa) de sal grosso
- 2 colheres (sopa) de alecrim fresco

1. Lave as sementes de abóbora e seque-as com um pano de prato seco e limpo.
2. Coloque-as em uma assadeira untada com azeite, tempere com sal e alecrim.
3. Deixe de 15 a 20 minutos em forno preaquecido a 180 °C.
4. Em seguida, bata a receita no liquidificador e sua farinha estará pronta.

Para neutralizar o sabor da farinha e utilizá-la em outras receitas, você pode retirar o sal e o alecrim.

RECEITAS DO FAVELA ORGÂNICA Abóbora/Jerimum

Pão de miolo de abóbora

- 2 xícaras de miolo (parte com pelos e sementes) de abóbora cozido
- 2 xícaras de água
- 4 xícaras de farinha de trigo
- 1 colher (sopa) de pimentão vermelho picado
- 1 colher (sopa) de alecrim
- 1 colher (sobremesa) de sal grosso
- 1 colher (sopa) de azeite
- 1 colher (chá) de açafrão-da-terra

1. No liquidificador, bata o miolo de abóbora com duas xícaras de água quente.
2. Retire a mistura do liquidificador, acrescente a farinha e molde a massa com as mãos.
3. Adicione o pimentão, o alecrim, o sal grosso e o azeite, e continue moldando a massa.
4. Junte o açafrão-da-terra.
5. Antes de assar a massa, salpique sal grosso por cima dela e jogue as folhas de alecrim.
6. Deixe a massa descansar por 40 minutos.
7. Preaqueça o forno a 180 °C e asse-a por 20 a 25 minutos.

Unte as mãos com um óleo de sua preferência para moldar o pão.

RECEITAS DO FAVELA ORGÂNICA Abóbora/Jerimum

Risoto de abóbora com casca

- ½ xícara de cebola-branca picada
- 1 xícara de arroz branco cru
- 2 xícaras de abóbora ralada com casca
- 1 colher (sopa) de pimentão vermelho
- 1 colher (sopa) de pimentão verde
- 1 colher (sopa) de pimentão amarelo
- 1 colher (sobremesa) de urucum
- 1 colher (sobremesa) de açafrão-da-terra
- 1 colher (sopa) de cheiro-verde
- 1 colher (sopa) de coentro
- 1 colher (sobremesa) de casca de tangerina
- 1 colher (sopa) de azeite
- 10 folhas de manjericão

Você pode esquentar a casca da tangerina para defumar o ambiente ou usar como incenso. Para armazená-la e prolongar sua duração, higienize-a, pique-a em pedaços bem pequenos e coloque-a em um pote com um fio de azeite.

1. Aqueça uma panela por 5 minutos.
2. Coloque a cebola, o arroz e a abóbora ralada em ralador fino e misture.
3. Adicione três xícaras de água quente e mexa.
4. Quando o risoto estiver bem cremoso, acrescente os pimentões vermelho, verde e amarelo.
5. Após a água secar, junte o urucum e o açafrão-da-terra.
6. Desligue o fogo quando o risoto estiver bem cremoso e coloque o cheiro-verde, o coentro, a casca de tangerina e o azeite.
7. Finalize com as folhas de manjericão.

RECEITAS DO FAVELA ORGÂNICA Abóbora/Jerimum

Suco de maracujá com semente de abóbora e capim-limão

- 2 colheres (sopa) de capim-limão
- 2 colheres (sopa) de hortelã
- 500 ml de água
- 1 maracujá
- 1 xícara de semente de abóbora

1. Antes de preparar o suco, deixe as sementes de molho por 2 horas e retire a água após esse tempo.
2. Bata todos os ingredientes no liquidificador e, em seguida, peneire.
3. Coloque o suco em um copo e está pronto para consumo.

Após peneirar, você pode usar os resíduos em compostagens.

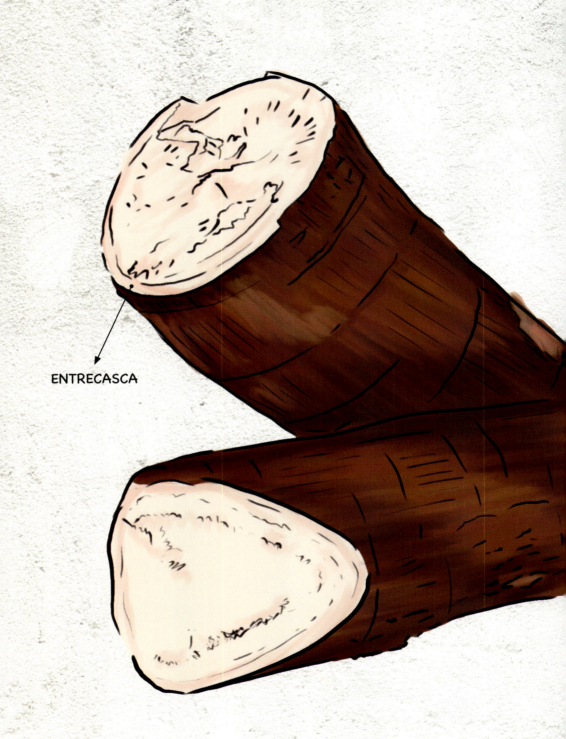

AIPIM / MACAXEIRA / MANDIOCA

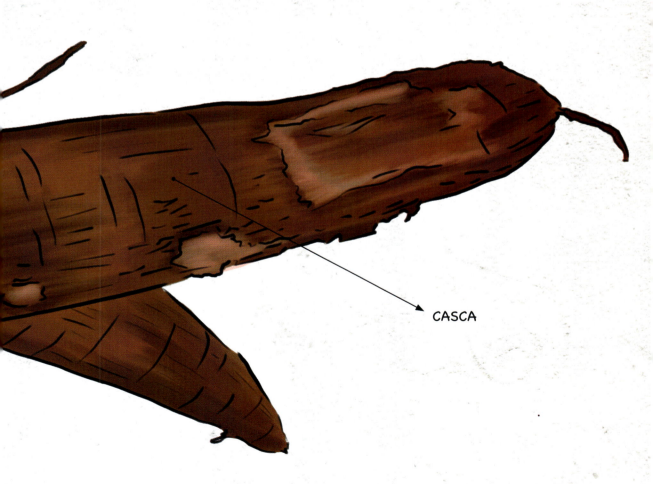

CASCA

RECEITAS DO FAVELA ORGÂNICA Aipim/Macaxeira/Mandioca

Bife à milanesa de entrecascas de aipim

- 1 xícara de entrecasca de aipim cortada em pedaços grandes
- Sal q.b.
- 4 colheres (sopa) de farinha de trigo
- 6 colheres (sopa) de água
- 1 colher (chá) de páprica defumada
- 1 colher (sobremesa) de molho de soja
- 1 colher (chá) de curry
- 1 colher (sopa) de cebola picada
- 2 xícaras de óleo (de soja ou outro de sua preferência)

Para empanar

- 1 xícara de farinha de fubá
- 1 xícara de farinha de trigo

Para empanar, você pode incluir a farinha de mandioca para aumentar a crocância do bife.

1. Cozinhe a entrecasca de aipim de 10 a 15 minutos com água e sal. Reserve.
2. Misture a farinha de trigo com a água, a páprica, o molho de soja, o curry e a cebola.
3. Mergulhe as entrecascas na mistura.
4. Em seguida, empane-as com farinha de fubá e farinha de trigo.
5. Frite em óleo quente até o bife ficar dourado e crocante ou asse por 20 a 25 minutos em forno preaquecido a 180 °C.

RECEITAS DO FAVELA ORGÂNICA Aipim/Macaxeira/Mandioca

Bolo de aipim

- 3 xícaras de aipim ralado no ralador fino
- 3 xícaras de coco fresco ralado no ralador fino
- 1 xícara de purê de inhame (com consistência mais líquida)
- 1 xícara de açúcar (de sua preferência)
- Suco de 2 limões
- Raspas de 2 limões
- 1 colher (sopa) de chia
- 1 colher (sopa) de linhaça
- 1 colher (sopa) de óleo de coco (ou outro de sua preferência)

1. Rale o aipim e coloque-o sobre um pano seco e limpo. Torça o tecido até extrair todo o líquido.
2. Transfira o aipim para um recipiente e misture-o com o coco já ralado.
3. Acrescente o purê de inhame, o açúcar, o suco e as raspas de limão, e continue mexendo.
4. Junte a chia, a linhaça e misture.
5. Coloque a massa em uma fôrma untada com óleo de coco e açúcar e asse por 30 minutos em forno preaquecido a 180 °C.

Caldo verde de aipim

- 2 xícaras de aipim picado e cozido
- 2 xícaras de água
- 1 colher (sobremesa) de alho picado
- ½ xícara de cebola-branca picada
- ½ xícara de folha de couve mineira cortada em tiras finas
- 1 xícara de folha de beterraba cortada em tiras finas
- 1 xícara de folha de brócolis cortada em tiras finas
- ½ xícara de folha de agrião cortada em tiras finas
- 2 colheres (sopa) de azeite

1. Em um liquidificador, bata o aipim e a água até obter um creme. Reserve.
2. Em uma panela aquecida, coloque o alho, a cebola e mexa até dourar.
3. Adicione o creme de aipim à panela e deixe ferver.
4. Acrescente as folhas de couve mineira, beterraba e brócolis, e deixe ferver por 2 minutos.
5. Para finalizar, jogue as folhas de agrião, o azeite e mexa bem.

Cappuccino de aipim

- ½ xícara de aipim cozido
- 1 colher (sobremesa) de cacau
- 1 colher (sobremesa) de canela
- 1 colher (sopa) de açúcar mascavo
- 1 xícara de café
- 1 xícara de leite de coco (de preferência, natural)
- Suco de 1 limão

1. Bata todos os ingredientes no liquidificador até obter um líquido homogêneo.
2. Em seguida, leve a mistura ao fogo e deixe ferver por 5 minutos.

RECEITAS DO FAVELA ORGÂNICA Aipim/Macaxeira/Mandioca

Maionese de aipim

- 1 xícara de aipim cozido
- 2 colheres (sopa) de azeite
- 1 colher (chá) de alho amassado
- Suco de 1 limão
- ½ xícara de rama de cenoura
- 1 colher (sopa) de salsinha
- 2 colheres (sopa) de manjericão
- 1 colher (café) de sal

1. Bata todos os ingredientes no liquidificador até obter consistência de maionese.
2. Coloque a maionese em um recipiente e sirva.

Esta receita compõe o cachorro-quente de talos de brócolis. Para prepará-lo, confira as receitas de batata palha na página 103, molho de tomate para cachorro-quente com talos de brócolis na página 71 e pão de cachorro--quente com inhame e beterraba na página 107.

BANANA

BICO

Brigadeiro de banana com casca

- 1 xícara de banana madura picada com casca
- 3 colheres (sopa) de cacau em pó

1. Bata a banana já higienizada com casca no liquidificador até obter uma massa homogênea.
2. Coloque a massa em um recipiente, adicione 1 colher de cacau e mexa bem. Acrescente mais 1 colher de cacau e continue mexendo.
3. Para enrolar os brigadeiros, unte as mãos com azeite e faça as bolinhas.
4. Envolva os brigadeiros com a última colher de cacau em pó.

A pipoca é outra opção para envolver o brigadeiro. Você pode usar a pipoca que não consumiu no dia anterior ou prepará-la, batê-la no liquidificador e envolver o brigadeiro nessa farinha. Fica uma delícia!

Farfali de casca de banana-verde e talos de beterraba

- 2 xícaras de macarrão gravata cozido
- 1 colher (sopa) de azeite
- ½ xícara de cebola picada
- 1 xícara de casca de banana-verde cozida
- 1 xícara de talo de beterraba
- 1 colher (chá) de chimichurri
- 1 colher (café) de sal
- 1 colher (sopa) de cebolinha
- 1 colher (chá) de alho
- ½ xícara de tomate picado
- 1 colher (café) de alecrim

Com temperos e cascas, como as de alho e cebola, você pode fazer chás para combater gripe ou dor de cabeça.

1. Em uma panela, cozinhe o macarrão gravata e reserve.
2. Em outra panela, refogue no azeite a cebola, a casca de banana, o talo de beterraba, o chimichurri, o sal, a cebolinha e o alho. Adicione o macarrão e o tomate picado.
3. Misture bem todos os ingredientes e deixe no fogo por 5 minutos.
4. Finalize com o alecrim.

RECEITAS DO FAVELA ORGÂNICA · Banana

Farofa de bico (ponta) de banana com cebola-roxa

- 1 cebola-roxa cortada em meia-lua
- 15 bicos de banana
- 2 colheres (sopa) de óleo de coco (ou outro de sua preferência)
- 1 colher (sobremesa) de açúcar mascavo
- 2 xícaras de farinha de mandioca
- 1 colher (café) de sal grosso
- Raspas de 1 limão

1. Aqueça uma panela por 5 minutos.
2. Refogue a cebola-roxa e os bicos de banana no óleo de coco.
3. Em seguida, adicione o açúcar e a farinha de mandioca.
4. Mexa bem até alcançar o ponto. Para finalizar, acrescente o sal grosso e as raspas de limão.

Para economizar óleo, aqueça bem a panela antes de colocar os ingredientes.

BOLO de BAN[ANA]

2 bananas
1 Colher de chia
1 Xícara farinha

½ Água
Canela
1 Colher de ch[á]

ANA com CASCA

1 de linhaça
de trigo

de bicarbonato de Sodio

Minitorta de casca de banana com alho-poró

- 1 xícara de casca de banana madura picada
- ½ xícara de cebola
- ½ xícara de alho-poró
- 1 colher (sobremesa) de chimichurri
- 1 colher (chá) de sal
- 1 xícara de tomate
- 1 colher (sopa) de pimentão verde picado
- 2 colheres (sopa) de cheiro-verde
- 1 colher (café) de pimenta-do-reino
- 2 xícaras de farinha de trigo
- 1 xícara de água
- 1 colher (sopa) de azeite

1. Para armazenar a casca de banana e evitar a oxidação, junte uma boa quantidade para usar nas receitas. 2. Antes de colocá-la na geladeira, lave-a e seque-a bem para aumentar a durabilidade. 3. Você também pode usar este ingrediente em outras receitas, como camponata de casca de banana e iscas de casca de banana.

1. Em uma panela aquecida, coloque as cascas de banana já higienizadas, a cebola, o alho-poró, o chimichurri e o sal e mexa.
2. Adicione o tomate, o pimentão, o cheiro-verde e a pimenta-do-reino. Refogue e cozinhe por mais 10 minutos.
3. Transfira o refogado para outro recipiente e espere esfriar. Em seguida, acrescente a farinha de trigo e a água aos poucos, e mexa até a massa ficar homogênea.
4. Adicione o azeite e mexa.
5. Distribua a massa em fôrmas individuais. Se a fôrma for de silicone, não é necessário untar; caso seja de outro material, unte-a com azeite e polvilhe farinha de trigo.
6. Asse por 30 minutos em forno preaquecido a 180 °C. Se desejar, decore com tomate-cereja e alecrim.

Pastel de forno de biomassa de banana-verde recheado com mix de talos

Massa

- 1 xícara de purê de banana-verde (biomassa de banana-verde)
- 1 colher (sopa) de azeite
- 2 xícaras de farinha de trigo

1. Para o purê, cozinhe a banana-verde com casca por 10 minutos na panela de pressão.
2. Retire da panela, espere amornar e, em seguida, bata no liquidificador com azeite.
3. Transfira a mistura para outro recipiente e acrescente a farinha aos poucos, até a massa desgrudar da mão.
4. Utilize um cortador para cortá-la em formato de pastel.
5. Abra a massa e recheie.

Recheio

- 2 colheres (sopa) de talo de brócolis
- 2 colheres (sopa) de talo de agrião
- 2 colheres (sopa) de talo de cenoura
- 2 colheres (sopa) de talo de beterraba
- 2 colheres (sopa) de purê de banana-verde (biomassa de banana-verde)
- 1 colher (sopa) de salsinha
- 1 colher (sopa) de cebolinha

1. Misture todos os talos com o purê de banana-verde.
2. Adicione a salsinha e a cebolinha.
3. Mexa bem o recheio, coloque-o na massa e feche os pastéis.
4. Asse em forno preaquecido a 180 °C por 15 a 20 minutos.

Pé de moleque de casca de banana

- 6 cascas de banana média
- ½ xícara de açúcar mascavo
- ½ xícara de açúcar cristal
- 1 colher (sobremesa) de canela
- 1 xícara de amendoim

1. Pique as cascas de banana em pedaços bem pequenos.
2. Coloque-as em uma panela, acrescente o açúcar mascavo, o açúcar cristal e a canela. Mexa bem.
3. Adicione o amendoim e continue mexendo até obter ponto de pé de moleque e começar a desgrudar da panela.
4. Leve para uma superfície e deixe esfriar.
5. Quando estiver fria, corte-a em formato de pé de moleque e está pronto para consumo.

Antes de congelar a casca de banana madura, deve-se higienizá-la e secá-la bem. Para utilizá-la congelada, pique-a e bata no liquidificador. A casca de banana congelada serve para fazer bolo, biscoito, biomassa etc.

BRÓCOLIS

ENTRECASCA DO TALO (FIBROSA)

Farofa do amor

- 1 xícara de talo de brócolis cru
- Suco de 1 limão
- 1 xícara de farinha de mandioca
- 1 colher (sopa) de salsinha
- 3 colheres (sopa) de azeite

1. Junte todos os ingredientes em um recipiente e mexa bem.

1. Se você preferir a farofa mais úmida, acrescente mais azeite. 2. Esta farofa não vai ao fogo; você precisa ter muito amor para aproveitar até o talo, será a terapia do seu dia!

Lasanha de palmito de brócolis

- 2 xícaras de molho de tomate
- 4 talos de palmito de brócolis
- 1 xícara de requeijão de aipim
- 2 colheres (sopa) de alho-poró
- 3 colheres (sopa) de salsinha
- ½ xícara de pimentão amarelo em rodelas
- ½ xícara de pimentão vermelho em rodelas
- 1 xícara de tomate em rodelas
- 2 colheres (sopa) de cebolinha
- 1 xícara de cebola-branca picada

1. Para preparar o palmito de brócolis, retire a fibra (parte externa) dos talos de brócolis americano até visualizar a camada verde-clara. Fatie toda essa parte interna ao comprido e reserve.
2. Em um refratário, coloque molho de tomate e, por cima, uma camada de palmito de brócolis.
3. Por cima do palmito, distribua o requeijão de aipim. Para prepará-lo, bata 1 xícara de aipim cozido, alho, 1 colher de sopa de vinagre e 1 colher de sopa de azeite.
4. Sobre o requeijão, adicione outra camada de palmito de brócolis. Por cima, uma camada de alho-poró em rodelas, outra de salsinha e de pimentão amarelo e vermelho.
5. Adicione mais uma camada de molho de tomate e, sobre ele, a última camada de palmito de brócolis.
6. Acrescente uma camada de requeijão de aipim e finalize com os tomates, a cebolinha e a cebola-branca.

Molho de tomate para cachorro-quente com talos de brócolis

- 3 xícaras de talos de brócolis
- 1 xícara de cebola picada
- 1 colher (sobremesa) de alho amassado
- 1 colher (sopa) de azeite
- 2 xícaras de tomate picado
- 1 colher (sopa) de pimentão verde
- 7 folhas de manjericão
- 2 colheres (sopa) de cheiro-verde
- 2 colheres (sopa) de alho-poró

Este molho compõe o cachorro-quente de talos de brócolis. Para prepará-lo, confira as receitas do pão de cachorro-quente com inhame e beterraba na página 107, da batata palha na página 103 e da maionese de aipim na página 47.

1. Retire as fibras dos talos de brócolis para que eles fiquem mais macios e corte-os do tamanho de uma salsicha. Reserve.
2. Em uma panela, coloque a cebola, o alho e refogue com azeite.
3. Adicione o tomate, o pimentão, o manjericão, o cheiro-verde, o alho-poró e cozinhe por 10 minutos.
4. Acrescente os talos e deixe ferver por mais 10 minutos.

Pão de hambúrguer com folhas de brócolis

- 4 xícaras de farinha de trigo
- 1 colher (sopa) de fermento biológico para pão
- 2 xícaras de folha de brócolis
- ½ xícara de cebola-branca picada
- 1 colher (chá) de sal
- 2 xícaras de água
- 2 colheres (sopa) de salsinha
- 1 colher (sopa) de azeite

Este pão pode ser usado para compor o hambúrguer brasileirinho, confira a receita na página 81 e complemente com a maionese de inhame da página 105.

1. Em um recipiente, coloque a farinha de trigo e o fermento. Misture e reserve.
2. Bata no liquidificador as folhas de brócolis já higienizadas e cortadas em tiras, a cebola-branca, o sal, a água e a salsinha.
3. Transfira a mistura para outro recipiente e adicione a farinha aos poucos.
4. Com a ponta dos dedos, amasse para obter liga.
5. Acrescente o azeite e continue amassando. Em seguida, deixe descansar por 40 minutos.
6. Molde a massa em formato de pão de hambúrguer e asse por 20 a 25 minutos em forno preaquecido a 180 °C.

Tabule de brócolis

- 2 xícaras de brócolis picados
- ½ xícara de cebola-branca picada
- 2 colheres (sopa) de pimentão amarelo picado
- 2 colheres (sopa) de cheiro-verde
- 1 xícara de tomate-cereja picado em formato de meia-lua
- 1 xícara de repolho-roxo cortado em fatias
- Suco de ½ limão
- 2 colheres (sopa) de azeite
- 1 colher (café) de pimenta com cominho
- 1 colher (café) de sal

1. Você pode picar tanto os talos de brócolis como os de outros legumes em pedaços bem pequenos, em rodelas ou palitos e utilizá--los em receitas de arroz, farofa, macarrão e massas em geral.
2. Para armazenar o talo de brócolis, é importante separar todas as partes do vegetal e colocá-las, já higienizadas, em recipientes diferentes e secos para que durem mais.

1. Pique os brócolis e reserve os talos.
2. Pique a cebola, o pimentão, o cheiro-verde e o tomate-cereja.
3. Corte o repolho-roxo em tiras bem finas.
4. Em um recipiente, coloque todos os ingredientes cortados e acrescente o suco de limão, o azeite, a pimenta com cominho e o sal.
5. Misture bem para temperar e está pronto para consumo.

FEIJÃO E ARROZ

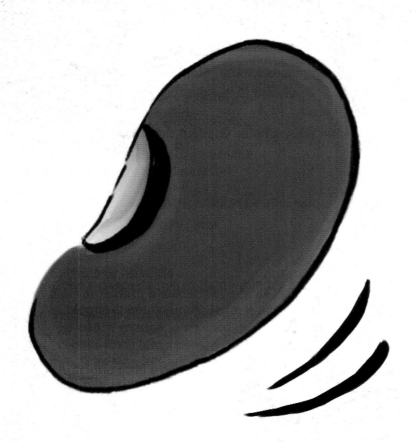

Baião de dois

- 1 xícara de arroz cozido
- 1 xícara de feijão-fradinho cozido
- 1 xícara de caldo de feijão-fradinho
- 1 colher (sopa) de azeite
- ½ xícara de cebola-branca
- 1 xícara de coração de banana
- 1 xícara de alho-poró
- 1 colher (sopa) de pimentão verde
- 1 colher (sopa) de pimentão vermelho
- 1 colher (sopa) de salsinha
- 1 colher (sopa) de cebolinha
- 1 colher (sopa) de coentro
- 1 xícara de cebola-roxa em fatias

1. Para amaciar o coração de banana, pique-o em pedaços bem pequenos e deixe de molho no limão com 1 colher de sobremesa de açúcar por 30 a 40 minutos. **2.** Este prato pode ser servido com raízes fritas de coentro, cebolinha e alho-poró. Confira a receita na página 109.

1. Em uma panela, coloque o arroz cozido, os grãos de feijão cozidos e o caldo e cozinhe por 5 minutos.

2. Em outra panela, refogue no azeite por 10 minutos a cebola-branca, o coração de banana cortado em tiras bem finas e o alho-poró. Acrescente os pimentões verde e vermelho, a salsinha, a cebolinha, o coentro, a cebola-roxa e misture.

3. Junte tudo em uma panela, misture bem todos os ingredientes e está pronto para consumo.

Hambúrguer brasileirinho

- 2 xícaras de feijão-vermelho cozido
- 1 xícara de arroz branco cozido
- ½ xícara de cebola picada
- 1 colher (sobremesa) de páprica defumada
- ½ xícara de repolho-roxo picado
- 1 colher (chá) de sal
- 2 colheres (sopa) de azeite
- 1 colher (sobremesa) de alho frito
- 2 colheres (sopa) de cheiro-verde

Esta receita pode ser servida com a maionese de inhame da página 105 e o pão de hambúrguer com folhas de brócolis da página 73.

1. Em um recipiente, coloque o feijão, o arroz, a cebola, a páprica, o repolho-roxo, o sal e 1 colher de azeite. Misture bem todos os ingredientes e amasse-os com um garfo.
2. Amasse o alho, frite com 1 colher de azeite e adicione-os à receita.
3. Acrescente o cheiro-verde.
4. Continue misturando e amassando os ingredientes com as mãos ou um garfo.
5. Molde a massa em formato de hambúrguer.
6. Frite em uma frigideira com um fio de azeite ou asse por 30 minutos em forno preaquecido a 180 °C.

HAMBURGUER

1 Xic feijão cozido
2 Colheres farinha
1 Colher cebola picada
Cheiro Verde
Azeite

Mistura tudo e m[o]
de hamburguer, assar
ou no forno.

e **FEIJÃO**

andioca

nha

RECEITAS DA FAVELA ORGÂNICA

em formato
a frigideira

RECEITAS DO FAVELA ORGÂNICA · Feijão e arroz

Linguiça de feijão

- 1 xícara de feijão mulato cozido
- ½ xícara de cebola-roxa picada
- 1 colher (chá) de pimenta calabresa
- ½ xícara de farinha de mandioca
- ½ xícara de beterraba ralada e cozida
- 3 colheres (sopa) de cebolinha
- 2 colheres (sopa) de suco de limão
- 1 colher (sopa) de azeite
- ½ xícara de cebola-branca fatiada em formato de meia-lua

Para o feijão cozinhar mais rápido, coloque-o sempre de molho com 2 rodelas de limão por, pelo menos, 12 horas.

1. Retire todo o caldo do feijão, coloque apenas os grãos cozidos em um recipiente e amasse-os bem com um garfo.
2. Adicione a cebola-roxa, a pimenta calabresa e mexa bem a massa para adquirir sabor.
3. Acrescente a farinha de mandioca aos poucos e continue mexendo.
4. Junte a beterraba ralada, a cebolinha e o suco de limão.
5. Com as mãos, molde a massa em formato de linguiça.
6. Corte a linguiça em rodelas.
7. Em uma frigideira, refogue a cebola-branca no azeite e adicione a linguiça. Frite até chegar ao ponto ou asse por 30 minutos em forno preaquecido a 180 °C.

Tutu com talos

- 2 colheres (sopa) de cebola em lascas
- 2 colheres (sopa) de pimentão verde em lascas
- 1 colher (sopa) de azeite
- 1 colher (café) de pimenta calabresa
- 1 xícara de talos de brócolis cortados em rodelas finas
- 1 xícara de tomate em fatias
- 1 colher (café) de sal
- 2 xícaras de feijão cozido
- ½ xícara de farinha de mandioca
- 1 colher (sopa) de cheiro-verde
- 1 colher (sobremesa) de alho ralado e frito

1. Em uma panela aquecida, coloque a cebola, o pimentão, o azeite e a pimenta.
2. Refogue os ingredientes, adicione os talos de brócolis e o tomate. Acrescente o sal, mexa novamente e reserve.
3. Em outra panela, coloque o feijão cozido, a farinha de mandioca e mexa até desgrudar da panela.
4. Adicione o refogado de talo de brócolis, o cheiro-verde, o alho e continue mexendo para não empelotar, até o tutu chegar ao ponto. Desligue o fogo, abafe por alguns minutos e está pronto para servir.

SUQUINHO do ♥

MELANCIA

Aperitivo de semente de melancia

- 1 xícara de semente de melancia
- 1 colher (café) de sal grosso
- 1 colher (sobremesa) de alecrim fresco
- 1 colher (sobremesa) de azeite

1. Seque as sementes de melancia em um pano de prato limpo e seco.
2. Coloque-as em uma panela e deixe torrar em fogo baixo por 3 minutos.
3. Adicione o sal grosso, o alecrim, o azeite e continue mexendo até que elas fiquem bem torradas.

Cocada de casca de melancia

- 2 xícaras de casca ralada de melancia
- 1 ½ xícara de açúcar (de sua preferência)
- 2 xícaras de coco ralado
- 1 colher (sobremesa) de gengibre
- Suco de 1 limão

1. Em uma panela, coloque a casca ralada de melancia, o açúcar, o coco ralado, o gengibre e leve para o fogo. Mexa bem.
2. Adicione o suco de limão.
3. Continue mexendo até obter ponto de cocada e começar a desgrudar da panela.

Geleia de bagaço de melancia

- 3 xícaras de bagaço de melancia
- Suco de 2 limões
- ½ xícara de açúcar (de sua preferência)
- 2 paus de canela
- 3 unidades de pimenta biquinho vermelha

1. Para extrair o bagaço, faça o suco de melancia e coe para retirar todo o líquido.
2. Em uma panela, coloque o bagaço e deixe ferver para retirar a umidade e reduzir o volume.
3. Em seguida, adicione o suco de limão, o açúcar e a canela.
4. Quando a geleia desgrudar da panela, acrescente a pimenta biquinho bem picada e deixe ferver por mais 15 minutos.

Você pode fazer a geleia mesmo se a melancia estiver azedando.

RECEITAS DO FAVELA ORGÂNICA Melancia

Salpicão de melancia

- 2 xícaras de casca ralada de melancia
- 1 xícara de tomate-cereja cortado ao meio
- 10 folhas de manjericão
- 1 xícara de manga
- 1 xícara de abacaxi
- 1 colher (sopa) de pimentão amarelo
- 1 colher (sobremesa) de pimentão vermelho
- 1 colher (sopa) de salsinha
- 1 colher (sopa) de cebola-roxa
- 1 colher (café) de sal
- 2 colheres (sopa) de azeite

Para armazenar a casca da melancia, é importante cortá-la em pedaços pequenos e congelar, mas antes disso higienize-a e seque-a. Ela pode ser utilizada em risotos, salpicões e saladas. Para ter bom resultado, use sempre o ralador fino.

1. Rale a casca de melancia no ralador fino e esprema para extrair todo o líquido.
2. Coloque-a em um recipiente e acrescente o tomate-cereja, as folhas de manjericão, a manga, o abacaxi, os pimentões amarelo e vermelho, a salsinha e a cebola-roxa. Mexa bem.
3. Adicione o sal e o azeite, misture bem e está pronto.

Suco de melancia com coentro

- 2 xícaras de melancia sem semente picada
- 1 colher (sobremesa) de coentro
- Suco de 1 limão

1. Bata todos os ingredientes no liquidificador. Não há necessidade de coar.

Você pode utilizar a casca da melancia congelada em doces e geleias, ensopados etc.

HORA DE REINVENTAR

RECEITAS PARA ACOMPANHAMENTO

Batata palha

- 1 batata-inglesa pequena com casca

1. Rale a batata crua no ralador fino.
2. Coloque-a sobre um pano de prato limpo e torça-o bem para deixá-la sequinha.
3. Frite em imersão ou unte uma assadeira com um fio de óleo/azeite e asse por 15 minutos.

Esta receita compõe o cachorro-quente de talos de brócolis. Para prepará--lo, confira as receitas de maionese de aipim na página 47, molho de tomate para cachorro-quente com talos de brócolis na página 71 e pão de cachorro-quente com inhame e beterraba na página 107.

RECEITAS DO FAVELA ORGÂNICA Receitas para acompanhamento

Maionese de inhame

- ½ xícara de purê de beterraba
- ½ xícara de purê de inhame
- 1 colher (sopa) de azeite
- Suco de 1 limão
- ½ colher (café) de sal

1. Bata a beterraba no liquidificador com um pouco de água, até obter um purê.
2. Bata o inhame no liquidificador com um pouco de água, até obter um purê.
3. Junte os purês de inhame e de beterraba, acrescente o azeite, o limão e o sal.
4. Bata tudo no liquidificador até obter um creme homogêneo e está pronto.

Você pode servir esta receita com o hambúrguer brasileirinho da página 81 e o pão de hambúrguer com folhas de brócolis da página 73.

Pão de cachorro-quente com inhame e beterraba

- 4 xícaras de farinha de trigo
- 1 colher (sopa) de fermento biológico para pão
- 1 xícara de inhame cozido e batido no liquidificador (purê)
- 1 xícara de beterraba cozida e batida no liquidificador (purê)
- 2 xícaras de água
- 1 colher (chá) de sal
- 1 colher (sopa) de azeite

Esta receita compõe o cachorro-quente de talos de brócolis. Para prepará-lo, confira as receitas de batata palha na página 103, maionese de aipim na página 47 e molho de tomate para cachorro-quente com talos de brócolis na página 71.

1. Misture a farinha, o fermento e reserve.
2. Em um recipiente, coloque os purês de inhame e de beterraba e, aos poucos, adicione a farinha.
3. Acrescente a água aos poucos, o sal e amasse com a ponta dos dedos para obter liga.
4. Junte o azeite e amasse.
5. Deixe a massa descansar por 40 minutos.
6. Molde-a em formato de pão de cachorro-quente e asse por 20 a 25 minutos, em forno preaquecido a 180 °C.

RECEITAS DO FAVELA ORGÂNICA Receitas para acompanhamento

Raízes fritas de coentro, cebolinha e alho-poró

- 6 colheres (sopa) de farinha de trigo
- 3 colheres (sopa) de água
- 1 colher (café) de curry
- 1 colher (café) de alho cru
- 1 colher (café) de azeite
- 3 raízes diferenciadas de coentro
- 2 raízes diferenciadas de cebolinha
- 1 raiz diferenciada de alho-poró

1. Em um recipiente, misture a farinha de trigo, a água, o curry, o alho cru e o azeite. Reserve.
2. Corte as raízes já higienizadas em lascas, exceto a do coentro.
3. Envolva toda as raízes na mistura e, em seguida, na farinha de trigo.
4. Frite-as com azeite e estão prontas para consumo.

Esta receita pode ser servida com o baião de dois da página 79.

SAÚDE DE FERRO

RECEITA DE FAMÍLIA

RECEITAS DO FAVELA ORGÂNICA Receita de família

Xarope ou lambedor

- 2 xícaras de casca de cebola
- 2 xícaras de casca de alho
- 2 xícaras de rama de beterraba
- 2 xícaras de rama de cenoura
- 2 xícaras de poejo
- 2 xícaras de talo de agrião
- 2 xícaras de casca de cebola-roxa
- 2 xícaras de alecrim
- 2 xícaras de talo de salsinha
- 2 xícaras de raiz de cebolinha
- 2 xícaras de raiz de coentro
- 2 xícaras de gengibre
- 2 xícaras de açafrão
- 2 xícaras de manjericão
- 2 xícaras de cravo
- 2 xícaras de canela
- 2 xícaras de casca de beterraba
- 2 xícaras de açúcar mascavo
- 2 xícaras de casca de cebola
- 2 xícaras de casca de laranja
- 2 xícaras de casca de maracujá
- 1 ℓ de água

1. Pique todos os ingredientes em pedaços bem pequenos ou triture-os.
2. Coloque a água e os ingredientes em uma panela, leve ao fogo baixo e deixe ferver por 2 horas.
3. Adicione o açúcar e deixe ferver até obter consistência de mel.

IMBORA DESCOBR

OVAS! SEM FRES

MENTO TODINHO, CA

QUE FICAM ESQUECI

CARDÁPIO, ECONOM

SAUDÁVEL!

ER O PODER DE

URA, HEIN?

CA, TALO, SEMENTE

OS NA GELADEIRA

AR E AINDA SE AL

ÍNDICE DE RECEITAS

A

Aperitivo de semente de melancia 91

B

Baião de dois 79

Batata palha 103

Bife à milanesa de entrecascas de aipim 39

Bolo de aipim 41

Brigadeiro de banana com casca 51

C

Caldo verde de aipim 43

Cappuccino de aipim 45

Cocada de casca de melancia 93

D

Doce de casca de abóbora crua 27

F

Farfali de casca de banana-verde e talos de beterraba 53

Farinha de semente de abóbora temperada 29

Farofa de bico (ponta) de banana com cebola-roxa 55

Farofa do amor 67

G

Geleia de bagaço de melancia 95

H

Hambúrguer brasileirinho 81

L

Lasanha de palmito de brócolis 69

Linguiça de feijão 85

M

Maionese de aipim — 47

Maionese de inhame — 105

Minitorta de casca de banana com alho-poró — 59

Molho de tomate para cachorro-quente com talos de brócolis — 71

P

Pão de cachorro-quente com inhame e beterraba — 107

Pão de hambúrguer com folhas de brócolis — 73

Pão de miolo de abóbora — 31

Pastel de forno de biomassa de banana-verde recheado com mix de talos — 61

Pé de moleque de casca de banana — 63

R

Raízes fritas de coentro, cebolinha e alho-poró — 109

Risoto de abóbora com casca — 33

S

Salpicão de melancia — 97

Suco de maracujá com semente de abóbora e capim-limão — 35

Suco de melancia com coentro — 99

T

Tabule de brócolis — 75

Tutu com talos — 87

X

Xarope ou lambedor — 113

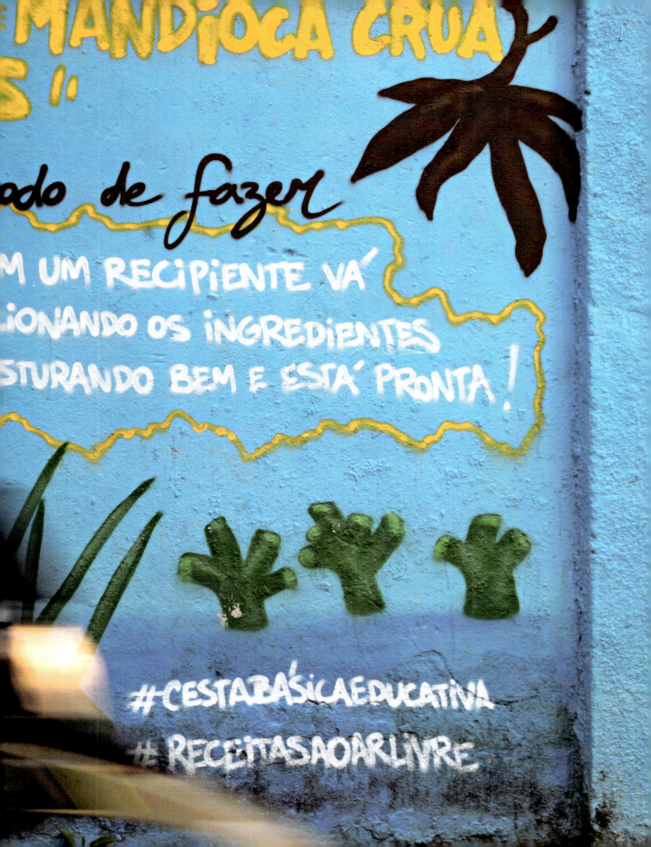

A Editora Senac Rio publica livros nas áreas de Beleza e Estética,
Ciências Humanas, Comunicação e Artes, Desenvolvimento Social,
Design e Arquitetura, Educação, Gastronomia e Enologia,
Gestão e Negócios, Informática, Meio Ambiente, Moda,
Saúde, Turismo e Hotelaria.

Visite o site **www.rj.senac.br/editora**,
escolha os títulos de sua preferência e boa leitura.

Fique atento aos nossos próximos lançamentos!

À venda nas melhores livrarias do país.

Editora Senac Rio
Tel.: (21) 2018-9020 Ramal: 8516 (Comercial)
comercial.editora@rj.senac.br

Fale conosco: faleconosco@rj.senac.br

Este livro foi composto nas tipografias Caecilia LT Pro e Chalkboard,
e impresso pela Imos Gráfica e Editora Ltda., em papel *couché matte* 150 g/m^2,
para a Editora Senac Rio, em setembro de 2024.